Kiko corre y su perro Cachito
agarra la tapa. Chepa barre.

—¡Aquí, Cachito! —lo anima Kiko.

2

Cachito ve la tapa. La saca.

Cachito ve una gorra.

Cachito ve a Vivi, la gata.

—¡Toma, Cachito! Es la comida que
te gusta mucho —lo anima Kiko.

Cachito se come la comida
que le da Kiko.

Cachito se seca poco a poco.
Kiko le pasa la mano.